Seed
Su Doku

Seed
Su Doku

150 Easy to Medium Puzzles

Compiled by sudokusolver.com

WILLIAM MORROW
An Imprint of HarperCollins*Publishers*

New York Post © 2013 by NYP Holdings dba New York Post

NEW YORK POST SEED SU DOKU © 2013 by HarperCollins Publishers.
All rights reserved. Printed in the United States of America. No part of
this book may be used or reproduced in any manner whatsoever without
written permission except in the case of brief quotations embodied in
critical articles and reviews. For information address HarperCollins
Publishers, 10 East 53rd Street, New York, NY 10022.

HarperCollins books may be purchased for educational, business, or
sales promotional use. For information please write: Special Markets
Department, HarperCollins Publishers, 10 East 53rd Street, New York,
NY 10022.

ISBN 978-0-06-226562-3

HB 07.13.2018

All puzzles supplied by Lydia Ade and Noah Hearle of sudokusolver.com

Book design by Susie Bell, www.f-12.co.uk

Contents

Introduction

Su Doku is a highly addictive puzzle that is always solvable using logic. It has a single rule – complete each Su Doku puzzle by entering the numbers 1 to 9 once in each row, column and 3×3 block.

Many Su Doku puzzles can be solved by using just one solving technique. In the Difficult rated Su Doku puzzle in Fig. 1, look to see where the 2 can be placed in the top right block (highlighted). All squares except one are eliminated by the 2s in the first and third rows and the 2 in the eighth column, leaving only one possible square in which the 2 can be placed.

Fig. 1

4	3			2				7
	6	8	5		9	4		
		2	3					
2						1		
			2	8	1			
		3						4
					6	9		
		4	8		2	7	6	
5				7			2	1

You can apply the same technique to place a number in a row or column.

In the puzzle below, you will need a slightly harder technique that requires pencil marks. Pencil marks are small numbers, usually written at the top of each unsolved square, listing all the possible values for that square. In the second row, mark in all the pencil marks for this row (Fig. 2). One square contains only the 1 pencil mark and can now be solved.

Fig. 2

4	3			2				7
	6	8	5		9	4		2
		2	3					
2						1		
			2	8	1			
		3						4
					6	9		
		4	8		2	7	6	
5				7			2	1

(Row 2 pencil marks shown: 17 over the first square, 13 over the eighth square.)

Remember, every Su Doku puzzle has one unique solution, which can always be found by logic, not guesswork.

The Times was the first UK newspaper to publish Su Doku in 2004. They now have a range of Su Doku variants, with Mini, Samurai and Killer Su Doku in addition to classic Su Doku. You can find details on more complex solving techniques and generate Su Doku puzzles at www.sudokusolver.com.

Puzzles

5	8					9		
7		3		9				
	2			3	7	8		1
			6		1	3		
	1	8		2		6	5	
		6	8		5			
9		2	4	1			3	
				8		7		4
		4					2	6

6			9	8	4			7
5								6
8	3						2	1
	9		8	1	3		5	
	6						8	
	5		7	2	6		1	
9	4						6	5
3								8
7			2	4	5			3

9		5			6			1
		4		7				
		3	9			2	8	7
4			6		5	8		
	9						2	
		6	8		2			5
8	4	2			3	9		
				6		7		
6			5			4		8

		7	5			4		3
	6				7		9	
8				4				5
4				1			5	
		8	7		3	1		
	5			2				6
9				3				7
	7		9				4	
3		6			5	8		

5	7			8			6	2
	2	8	6		1	5	4	
3		9	8		7	1		6
6		7	1		2	3		5
	8	4	9		5	2	3	
1	6			3			9	4

		2				6	1	
7			8	6		2		
9	6				4			3
		5		9			8	
	1		7		2		3	
	8			3		4		
5			3				4	1
		8		4	7			9
	2	7				3		

3	5		9	6			4	
7		2	3					9
	4		1					
4	7	3			5			
1								3
			8			5	7	1
					1		3	
8					6	7		5
	1			3	7		9	4

			3		2	7		
				4	8	3	2	
		2			6		9	4
2						9	3	5
	3						6	
4	9	6						8
6	2		9			8		
	4	5	6	3				
		9	8		5			

5		7	1		8	2		6
		8		7		1		
	1		3		6		7	
3			6		5			1
		9				5		
2			7		9			4
	2		4		3		5	
		5		8		3		
9		3	5		2	4		8

1	5	4	6					7
				8				6
			5		2			4
		2	8		6	7		5
	1						3	
4		7	3		9	8		
6			1		5			
2				4				
3					7	9	5	8

					1	4		7
3	1			6	7	5		
7		9						6
6		1					9	
5			4		8			3
	9					7		5
4						9		1
		5	3	7			8	4
9		8	5					

			4	1	6			
6		2		8		9		7
	5						4	
5		1	9		2	7		8
2			3		5			9
9		3	8		1	4		2
	3						8	
4		5		3		2		6
			6	5	4			

			8			3		4
			2	5			1	
		5	3	7		9		8
5	7	2						
	8	3				7	4	
						2	8	6
2		6		4	3	8		
	9			8	5			
8		1			2			

3						2		9
			1	7		4		
5	1				2			
		1		4			5	
	3		2	5	9		4	
	9			8		3		
			4				2	8
		2		9	7			
1		7						3

		6	8					
	8	5		1	4	3	7	
	4			3	6		8	9
	5	1						3
	9	8				4	2	
7						8	5	
5	1		6	7			3	
	7	3	5	8		2	1	
					1	7		

		4	6	8			1	
6	7		1		9		8	
			5					4
	8						2	7
1		6				4		5
4	3						6	
3				7				
	6		8		4		9	1
	1			2	6	7		

3		5		1				8
			4		7	3		
	7			3	5			4
	3	9					4	
4		7				2		6
	1					9	5	
8			1	5			6	
		1	6		9			
2				4		5		9

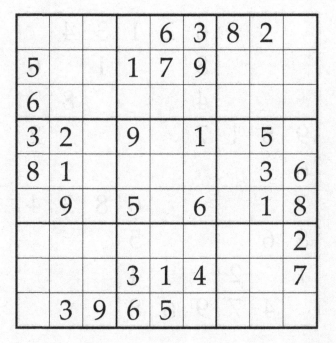

			6	2	1	3	4	
			8			1		6
			4				8	7
9	8	1	7					2
6								1
7					6	8	3	4
8	6				5			
1		2			4			
	4	7	9	6	8			

1					5		9	6
5	7	3	8				2	
					1		8	
9		6		2			7	
			9		4			
	4			8		9		3
	9		7					
	1				9	8	3	5
4	6		5					9

			2	6	7			
8	2		9		4		5	1
9								7
7		5	4		6	2		9
6		1	3		5	8		4
5								3
3	6		1		8		9	2
			6	4	3			

7			5	9				1
		8	4			9		
	9	6		2	3	4	8	
		7					6	4
6		3				8		7
4	8					3		
	4	1	9	3		7	5	
		5			4	2		
3				5	7			9

9		4				6		8
2			8	7	6			4
6	2		1		3		9	5
			2		9			
3	9		4		7		8	2
5			3	2	4			1
8		6				3		9

8			7			5		6
				2		4		
7	5		6		8			
		6		7		1		4
	2		8		3		6	
9		1		4		3		
			3		2		4	1
		8		5				
2		7			1			3

	4		3			5		9
1	7					8		
		3	8			1	7	2
7		5		8	3			
			6		1			
			5	4		3		7
8	3	2			9	4		
		7					2	8
6		9			8		5	

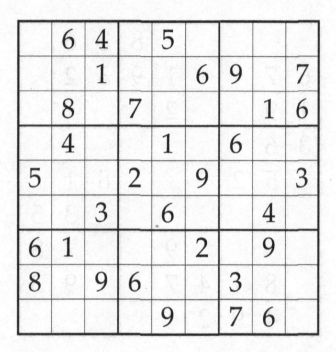

3	5				2	6		
2		9		4		8		
					9	5		
8				3	4	9		
		4	2	7				6
		3	9					
		8		5		1		3
		6	3				8	4

		4					2	5
				2	8	1	9	4
				5	1			
		2		6			3	1
6								8
8	5			3		6		
			3	8				
5	1	8	7	9				
7	4					9		

		7		2		1		
2	5			9			7	8
9				1				3
		5	2		9	7		
	8						1	
		9	1		8	5		
5				8				7
6	2			7			4	1
		8		3		9		

3				7		5		
		9			5		4	
	6		4		8			9
		4	1			8	3	
8								4
	2	1			3	7		
9			3		7		8	
	1		9			3		
		7		8				6

	7		3	8	5		6	
		8				1		
3	9						2	5
6			5		9			7
		3	2		8	5		
4			1		6			2
9	3						4	1
		5				6		
	4		6	9	3		5	

2				4				3
3		7				9		5
	4	6				2	7	
		3	7	8	6	1		
9								4
		1	4	9	2	3		
	3	4				8	9	
1		9				5		7
8				2				1

5		7	3				9	2
		2						5
9	3	1	5					
1		9	2	5				
			9		4			
				8	7	6		9
					5	9	6	4
2						7		
7	6				9	5		3

6	3	5			7			8
			9					4
		9	6			5		7
9			4		8	6	5	
	2	3	7		5			1
2		8			9	3		
3					4			
4			3			8	7	5

	9	8			1			
			4		2	5		3
	4							2
6	3			1			8	
			9		7			
	5			4			2	6
1							7	
5		2	1		6			
			7			2	6	

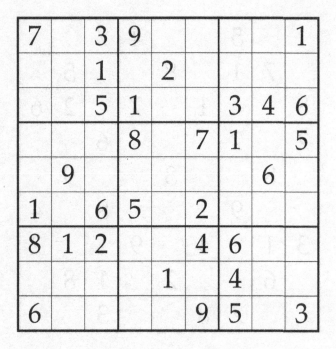

	5		6			7		
		4			9			2
7		9				6	4	
	8		7		2			9
				1				
3			5		4		6	
	2	8				5		3
5			4			1		
		6			8		2	

	9		6	1				
2								3
	7			4	3	8		
8	3	6	9		5			
		2				9		
			4		2	6	8	5
		1	3	2			4	
9								2
				5	1		6	

		7	6	9		5		8
						3		
5		1	4				9	2
7		3			5			
6				8				3
			3			4		6
3	8				2	7		4
		6						
9		4		3	6	8		

		8			2	4	3	
2		4						
9				1	5		8	2
6		2	8		9			
		5				3		
			1		4	9		6
3	7		2	4				9
						1		7
	4	1	9			2		

		4			8			
	3	9					7	
		6	7	5		8	9	4
1			9		6	5		
		5				3		
		3	8		5			2
9	6	2		1	7	4		
	7					9	2	
			6			1		

		1		5	9			
		8				7		
9	6		7				4	
		2		9				5
8			1		7			3
1				3		6		
	9				3		5	4
		4				8		
			6	1		3		

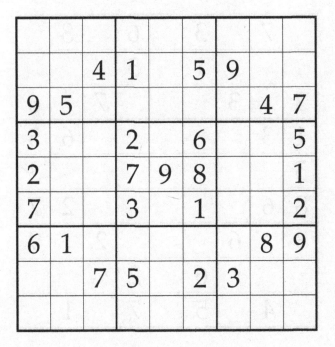

	7		3		6		8	
			1		5			
2		3				7		6
1	3						6	5
5								3
8	6						2	7
3		6				2		9
			6		2			
	4		5		7		1	

7								2
		8	5	9	2	6		
		5		7		1		
	4		8	3	6		7	
3		9				8		4
	7		9	1	4		6	
		7		6		4		
		6	3	5	7	9		
9								6

				6		7		
1				3	2			5
	6	2						
	1			2		6	3	
8		9				4		7
	2	7		9			1	
						1	8	
2			7	4				3
		3		8				

	3				4	1		
				2	7			5
7			5	3				
4	5			6		2		
	2	3	1		5	9	8	
		7		4			6	1
				1	9			6
5			4	8				
		4	3				2	

5			3					9
	4	9		8	5			
	7	3	9			8		
8		4			3		9	
	2			1			6	
	3		4			1		8
		2			8	6	3	
			5	4		9	7	
7					2			4

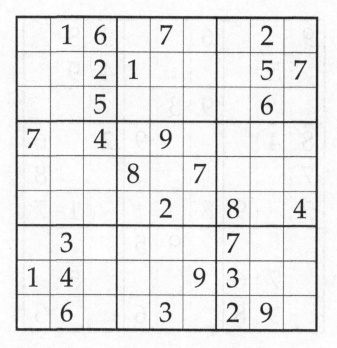

9			6			3	8	
	5					4	9	
			9	3				
8	4				9	2		6
7								8
2		9	8				1	7
				9	5			
	7	6					5	
	9	8			6			3

	4			3		8		5
					4			7
		1	9			3		
		3	5			1		2
		5				4		
8		4			6	5		
		2			8	9		
6			3					
5		7		1			6	

3	5						1	9
			4		7			
8		2				6		3
		1	6		9	5		
2								4
		5	1		3	9		
9		8				3		2
			3		8			
4	1						5	6

9		3	8		6			
		4		9			6	
6								2
			2				1	8
5			6		8			4
8	4				7			
7								1
	1			6		3		
			3		5	7		6

						4		2
			4	6		9		
		4	8				6	3
	6	5	3	9				
	8		6		4		1	
				1	8	6	3	
3	2				6	7		
		6		8	9			
5		1						

2	7			1			9	4
		3	8		4	7		
	4						6	
8				4				7
		4	9		8	1		
5				7				9
	5						8	
		9	1		5	4		
3	8			2			5	1

5		6	9				2	8
1								
			2	5	4			1
		1		2		8		9
		2	8	3	7	1		
8		4		9		2		
6			1	4	9			
								4
4	3				2	6		7

Solutions

Solutions

1

5	8	1	2	6	4	9	7	3
7	4	3	1	9	8	2	6	5
6	2	9	5	3	7	8	4	1
2	5	7	6	4	1	3	8	9
4	1	8	9	2	3	6	5	7
3	9	6	8	7	5	4	1	2
9	7	2	4	1	6	5	3	8
1	6	5	3	8	2	7	9	4
8	3	4	7	5	9	1	2	6

2

6	1	2	9	8	4	5	3	7
5	7	9	1	3	2	8	4	6
8	3	4	5	6	7	9	2	1
2	9	7	8	1	3	6	5	4
1	6	3	4	5	9	7	8	2
4	5	8	7	2	6	3	1	9
9	4	1	3	7	8	2	6	5
3	2	5	6	9	1	4	7	8
7	8	6	2	4	5	1	9	3

3

9	7	5	2	8	6	3	4	1
2	8	4	3	7	1	5	6	9
1	6	3	9	5	4	2	8	7
4	2	1	6	9	5	8	7	3
5	9	8	1	3	7	6	2	4
7	3	6	8	4	2	1	9	5
8	4	2	7	1	3	9	5	6
3	5	9	4	6	8	7	1	2
6	1	7	5	2	9	4	3	8

4

8	9	6	1	5	4	2	7	3
7	1	3	6	2	8	9	4	5
4	5	2	3	9	7	8	1	6
6	4	7	5	1	2	3	9	8
9	2	1	7	8	3	6	5	4
3	8	5	9	4	6	1	2	7
1	6	9	8	7	5	4	3	2
5	3	4	2	6	9	7	8	1
2	7	8	4	3	1	5	6	9

Su Doku

5

2	1	7	5	9	6	4	8	3
5	6	4	3	8	7	2	9	1
8	3	9	1	4	2	6	7	5
4	2	3	6	1	9	7	5	8
6	9	8	7	5	3	1	2	4
7	5	1	8	2	4	9	3	6
9	8	2	4	3	1	5	6	7
1	7	5	9	6	8	3	4	2
3	4	6	2	7	5	8	1	9

6

5	7	1	4	8	3	9	6	2
4	3	6	5	2	9	8	1	7
9	2	8	6	7	1	5	4	3
3	5	9	8	4	7	1	2	6
8	1	2	3	5	6	4	7	9
6	4	7	1	9	2	3	8	5
7	8	4	9	6	5	2	3	1
2	9	3	7	1	4	6	5	8
1	6	5	2	3	8	7	9	4

7

8	4	2	9	5	3	6	1	7
7	5	3	8	6	1	2	9	4
9	6	1	2	7	4	8	5	3
3	7	5	4	9	6	1	8	2
6	1	4	7	8	2	9	3	5
2	8	9	1	3	5	4	7	6
5	9	6	3	2	8	7	4	1
1	3	8	6	4	7	5	2	9
4	2	7	5	1	9	3	6	8

8

3	5	1	9	6	8	2	4	7
7	6	2	3	5	4	1	8	9
9	4	8	1	7	2	3	5	6
4	7	3	6	1	5	9	2	8
1	8	5	7	2	9	4	6	3
6	2	9	8	4	3	5	7	1
5	9	7	4	8	1	6	3	2
8	3	4	2	9	6	7	1	5
2	1	6	5	3	7	8	9	4

1	5	4	3	9	2	7	8	6
9	6	7	5	4	8	3	2	1
3	8	2	1	7	6	5	9	4
2	7	8	4	6	1	9	3	5
5	3	1	7	8	9	4	6	2
4	9	6	2	5	3	1	7	8
6	2	3	9	1	4	8	5	7
8	4	5	6	3	7	2	1	9
7	1	9	8	2	5	6	4	3

5	3	7	1	9	8	2	4	6
6	9	8	2	7	4	1	3	5
4	1	2	3	5	6	8	7	9
3	8	4	6	2	5	7	9	1
7	6	9	8	4	1	5	2	3
2	5	1	7	3	9	6	8	4
8	2	6	4	1	3	9	5	7
1	4	5	9	8	7	3	6	2
9	7	3	5	6	2	4	1	8

1	5	4	6	9	3	2	8	7
7	2	3	4	8	1	5	9	6
8	9	6	5	7	2	3	1	4
9	3	2	8	1	6	7	4	5
5	1	8	7	2	4	6	3	9
4	6	7	3	5	9	8	2	1
6	8	9	1	3	5	4	7	2
2	7	5	9	4	8	1	6	3
3	4	1	2	6	7	9	5	8

4	1	3	8	6	9	5	7	2
2	5	9	7	4	3	1	6	8
7	8	6	5	1	2	9	4	3
8	4	7	6	9	1	2	3	5
6	2	1	3	8	5	7	9	4
9	3	5	2	7	4	8	1	6
1	9	8	4	2	6	3	5	7
5	7	4	1	3	8	6	2	9
3	6	2	9	5	7	4	8	1

Su Doku

13

2	8	6	9	5	**1**	**4**	3	**7**
3	**1**	4	8	**6**	**7**	**5**	2	9
7	5	**9**	2	4	3	8	1	**6**
6	4	**1**	7	3	5	2	**9**	8
5	7	2	**4**	9	**8**	1	6	**3**
8	**9**	3	1	2	6	**7**	4	**5**
4	3	7	6	8	2	**9**	5	**1**
1	2	**5**	**3**	**7**	9	6	**8**	**4**
9	6	**8**	**5**	1	4	3	7	2

14

2	4	**8**	**3**	**7**	5	1	**6**	9
7	1	6	**2**	9	**4**	5	3	8
3	5	**9**	1	**6**	8	**4**	7	**2**
1	**2**	7	4	8	9	6	**5**	**3**
4	8	**3**	6	5	2	**7**	9	**1**
6	**9**	5	7	1	3	8	**2**	4
9	7	**1**	8	**2**	6	**3**	4	5
5	6	4	**9**	3	**1**	2	8	**7**
8	**3**	2	5	**4**	**7**	**9**	1	6

15

3	9	7	4	1	6	8	2	5
6	4	2	5	8	3	9	1	7
1	5	8	2	9	7	6	4	3
5	6	1	9	4	2	7	3	8
2	8	4	3	7	5	1	6	9
9	7	3	8	6	1	4	5	2
7	3	6	1	2	9	5	8	4
4	1	5	7	3	8	2	9	6
8	2	9	6	5	4	3	7	1

16

7	2	9	8	1	6	3	5	4
4	3	8	2	5	9	6	1	7
1	6	5	3	7	4	9	2	8
5	7	2	4	6	8	1	3	9
6	8	3	9	2	1	7	4	5
9	1	4	5	3	7	2	8	6
2	5	6	7	4	3	8	9	1
3	9	7	1	8	5	4	6	2
8	4	1	6	9	2	5	7	3

17

4	5	9	2	3	8	7	6	1
3	1	2	4	6	7	8	9	5
6	7	8	9	1	5	3	2	4
7	8	4	5	2	9	1	3	6
9	6	1	3	8	4	5	7	2
5	2	3	1	7	6	9	4	8
1	9	6	7	5	2	4	8	3
2	4	5	8	9	3	6	1	7
8	3	7	6	4	1	2	5	9

18

3	7	8	5	6	4	2	1	9
6	2	9	1	7	8	4	3	5
5	1	4	9	3	2	6	8	7
2	8	1	7	4	3	9	5	6
7	3	6	2	5	9	8	4	1
4	9	5	6	8	1	3	7	2
9	6	3	4	1	5	7	2	8
8	5	2	3	9	7	1	6	4
1	4	7	8	2	6	5	9	3

9	3	**6**	**8**	5	7	1	4	2
2	**8**	**5**	9	**1**	**4**	**3**	**7**	6
1	**4**	7	2	**3**	**6**	5	**8**	9
4	**5**	**1**	7	2	8	6	9	**3**
3	**9**	**8**	1	6	5	**4**	**2**	7
7	6	2	4	9	3	**8**	**5**	1
5	**1**	4	**6**	**7**	2	9	**3**	8
6	**7**	**3**	**5**	**8**	9	**2**	**1**	4
8	2	9	3	4	**1**	**7**	6	5

2	5	**4**	**6**	**8**	7	3	**1**	9
6	**7**	3	**1**	4	**9**	5	**8**	2
8	9	1	3	**5**	2	6	7	**4**
5	**8**	9	4	6	3	1	**2**	**7**
1	2	**6**	7	9	8	**4**	3	**5**
4	**3**	7	2	1	5	9	**6**	8
3	4	2	9	**7**	1	8	5	6
7	**6**	5	**8**	3	**4**	2	**9**	**1**
9	**1**	8	5	**2**	**6**	**7**	4	3

Su Doku

3	4	5	9	1	2	6	7	8
1	2	8	4	6	7	3	9	5
9	7	6	8	3	5	1	2	4
5	3	9	2	7	6	8	4	1
4	8	7	5	9	1	2	3	6
6	1	2	3	8	4	9	5	7
8	9	4	1	5	3	7	6	2
7	5	1	6	2	9	4	8	3
2	6	3	7	4	8	5	1	9

5	2	8	6	3	9	7	4	1
6	4	1	7	5	8	3	2	9
7	9	3	1	4	2	5	6	8
4	6	2	9	7	1	8	5	3
9	8	5	4	2	3	1	7	6
3	1	7	5	8	6	4	9	2
2	3	4	8	9	5	6	1	7
1	7	9	3	6	4	2	8	5
8	5	6	2	1	7	9	3	4

Solutions

9	7	1	4	6	3	8	2	5
5	8	2	1	7	9	6	4	3
6	4	3	8	2	5	1	7	9
3	2	6	9	8	1	7	5	4
8	1	5	2	4	7	9	3	6
4	9	7	5	3	6	2	1	8
1	5	4	7	9	8	3	6	2
2	6	8	3	1	4	5	9	7
7	3	9	6	5	2	4	8	1

5	7	8	6	2	1	3	4	9
4	9	3	8	5	7	1	2	6
2	1	6	4	3	9	5	8	7
9	8	1	7	4	3	6	5	2
6	3	4	5	8	2	7	9	1
7	2	5	1	9	6	8	3	4
8	6	9	2	1	5	4	7	3
1	5	2	3	7	4	9	6	8
3	4	7	9	6	8	2	1	5

25

2	6	**3**	1	**9**	4	**5**	8	7
5	9	1	**2**	7	**8**	6	3	4
4	8	**7**	3	6	5	**1**	2	**9**
8	7	5	4	**3**	6	9	**1**	**2**
6	1	4	**9**	2	**7**	8	5	3
3	**2**	9	5	**8**	1	7	**4**	**6**
7	3	**6**	8	5	2	**4**	9	**1**
9	4	8	**6**	1	**3**	2	7	5
1	5	**2**	7	**4**	9	**3**	6	8

26

4	**9**	**6**	**7**	**1**	3	**2**	8	5
2	3	**8**	5	9	4	7	1	**6**
7	1	5	2	**6**	8	4	**9**	**3**
9	4	2	3	8	7	5	**6**	**1**
8	6	**7**	1	4	5	**3**	2	**9**
1	**5**	3	9	2	6	8	7	4
5	**7**	1	8	**3**	9	6	4	**2**
6	8	9	4	5	**2**	**1**	3	**7**
3	**2**	**4**	6	**7**	**1**	**9**	5	8

27

7	5	8	3	2	4	1	9	6
4	2	6	1	8	9	3	7	5
1	9	3	6	7	5	8	2	4
6	4	7	8	9	1	2	5	3
2	3	5	7	4	6	9	1	8
9	8	1	5	3	2	4	6	7
3	1	2	4	5	7	6	8	9
8	7	9	2	6	3	5	4	1
5	6	4	9	1	8	7	3	2

28

6	3	4	5	2	7	8	9	1
1	5	8	3	4	9	2	7	6
2	7	9	8	1	6	5	4	3
9	4	6	7	5	2	3	1	8
7	8	5	1	6	3	4	2	9
3	1	2	4	9	8	7	6	5
8	9	7	6	3	4	1	5	2
4	2	1	9	8	5	6	3	7
5	6	3	2	7	1	9	8	4

29

6	9	1	3	2	7	5	8	4
8	3	4	5	1	9	7	2	6
7	2	5	8	4	6	3	1	9
4	1	8	2	9	5	6	7	3
2	6	9	7	8	3	4	5	1
5	7	3	4	6	1	2	9	8
1	5	6	9	3	2	8	4	7
3	8	7	1	5	4	9	6	2
9	4	2	6	7	8	1	3	5

30

3	4	2	9	1	5	8	7	6
5	1	6	2	8	7	9	3	4
9	7	8	3	6	4	2	1	5
8	6	1	7	2	3	5	4	9
2	9	3	5	4	1	6	8	7
4	5	7	8	9	6	1	2	3
6	2	5	4	3	8	7	9	1
7	8	4	1	5	9	3	6	2
1	3	9	6	7	2	4	5	8

31

1	8	4	2	7	5	3	9	6
5	7	3	8	9	6	1	2	4
6	2	9	3	4	1	5	8	7
9	5	6	1	2	3	4	7	8
8	3	7	9	5	4	2	6	1
2	4	1	6	8	7	9	5	3
3	9	5	7	1	8	6	4	2
7	1	2	4	6	9	8	3	5
4	6	8	5	3	2	7	1	9

32

1	5	3	2	6	7	9	4	8
8	2	7	9	3	4	6	5	1
9	4	6	5	8	1	3	2	7
7	8	5	4	1	6	2	3	9
4	3	2	8	7	9	5	1	6
6	9	1	3	2	5	8	7	4
5	1	8	7	9	2	4	6	3
3	6	4	1	5	8	7	9	2
2	7	9	6	4	3	1	8	5

33

7	3	4	5	9	8	6	2	1
5	2	8	4	1	6	9	7	3
1	9	6	7	2	3	4	8	5
2	1	7	3	8	9	5	6	4
6	5	3	2	4	1	8	9	7
4	8	9	6	7	5	3	1	2
8	4	1	9	3	2	7	5	6
9	7	5	1	6	4	2	3	8
3	6	2	8	5	7	1	4	9

34

9	1	4	5	3	2	6	7	8
7	6	8	9	4	1	2	5	3
2	5	3	8	7	6	9	1	4
6	2	7	1	8	3	4	9	5
4	8	1	2	5	9	7	3	6
3	9	5	4	6	7	1	8	2
5	7	9	3	2	4	8	6	1
1	3	2	6	9	8	5	4	7
8	4	6	7	1	5	3	2	9

1	9	**7**	**4**	3	8	**2**	**6**	5
5	**6**	3	**7**	**1**	2	9	8	**4**
4	8	**2**	**9**	6	5	1	3	**7**
6	**4**	**8**	**3**	2	9	5	7	1
2	**1**	5	8	7	4	3	**9**	6
3	7	9	1	5	**6**	8	**4**	2
7	3	6	2	9	**1**	**4**	5	**8**
8	5	1	6	**4**	**3**	7	**2**	9
9	**2**	**4**	5	8	**7**	**6**	1	3

8	1	2	**7**	9	4	**5**	3	**6**
6	9	3	1	**2**	5	**4**	7	8
7	**5**	4	**6**	3	**8**	2	1	9
3	8	**6**	5	**7**	9	**1**	2	**4**
4	**2**	5	**8**	1	**3**	9	**6**	7
9	7	**1**	2	**4**	6	**3**	8	5
5	6	9	**3**	8	**2**	7	**4**	**1**
1	3	**8**	4	**5**	7	6	9	2
2	4	**7**	9	6	**1**	8	5	**3**

Su Doku

2	4	8	3	1	7	5	6	9
1	7	6	2	9	5	8	3	4
5	9	3	8	6	4	1	7	2
7	2	5	9	8	3	6	4	1
3	8	4	6	7	1	2	9	5
9	6	1	5	4	2	3	8	7
8	3	2	7	5	9	4	1	6
4	5	7	1	3	6	9	2	8
6	1	9	4	2	8	7	5	3

7	4	6	3	9	8	5	1	2
8	5	2	6	1	4	3	7	9
9	1	3	5	7	2	6	8	4
5	7	8	4	3	1	9	2	6
2	6	9	8	5	7	4	3	1
1	3	4	2	6	9	8	5	7
3	2	7	9	8	6	1	4	5
4	9	5	1	2	3	7	6	8
6	8	1	7	4	5	2	9	3

39

4	2	5	7	3	8	1	6	9
6	7	8	5	1	9	3	2	4
1	9	3	6	2	4	5	8	7
3	6	7	8	5	1	9	4	2
9	5	2	3	4	7	8	1	6
8	1	4	9	6	2	7	3	5
2	3	6	1	9	5	4	7	8
5	8	1	4	7	6	2	9	3
7	4	9	2	8	3	6	5	1

40

7	6	4	9	5	1	2	3	8
3	2	1	4	8	6	9	5	7
9	8	5	7	2	3	4	1	6
2	4	8	3	1	5	6	7	9
5	7	6	2	4	9	1	8	3
1	9	3	8	6	7	5	4	2
6	1	7	5	3	2	8	9	4
8	5	9	6	7	4	3	2	1
4	3	2	1	9	8	7	6	5

41

3	5	7	8	1	2	6	4	9
2	6	9	5	4	3	8	1	7
4	8	1	7	6	9	5	3	2
8	7	5	6	3	4	9	2	1
6	3	2	1	9	5	4	7	8
9	1	4	2	7	8	3	5	6
1	4	3	9	8	7	2	6	5
7	2	8	4	5	6	1	9	3
5	9	6	3	2	1	7	8	4

42

1	6	4	9	7	3	8	2	5
3	7	5	6	2	8	1	9	4
2	8	9	4	5	1	3	7	6
4	9	2	8	6	5	7	3	1
6	3	7	1	4	9	2	5	8
8	5	1	2	3	7	6	4	9
9	2	6	3	8	4	5	1	7
5	1	8	7	9	2	4	6	3
7	4	3	5	1	6	9	8	2

43

5	7	2	1	9	4	3	8	6
1	6	3	8	7	2	4	9	5
4	8	9	5	6	3	7	2	1
3	4	8	6	5	9	2	1	7
7	2	1	3	4	8	5	6	9
9	5	6	2	1	7	8	4	3
8	1	7	4	3	6	9	5	2
6	9	4	7	2	5	1	3	8
2	3	5	9	8	1	6	7	4

44

2	7	3	4	8	9	5	6	1
1	9	6	7	3	5	8	4	2
8	5	4	6	2	1	9	3	7
7	3	9	5	1	2	4	8	6
5	6	2	8	7	4	1	9	3
4	1	8	9	6	3	2	7	5
6	2	5	3	4	8	7	1	9
9	4	7	1	5	6	3	2	8
3	8	1	2	9	7	6	5	4

45

4	1	3	7	6	2	9	5	8
5	6	7	8	3	9	2	4	1
8	9	2	5	4	1	3	7	6
3	7	5	1	8	4	6	9	2
9	2	8	6	7	5	4	1	3
6	4	1	9	2	3	7	8	5
7	8	9	3	5	6	1	2	4
2	5	6	4	1	7	8	3	9
1	3	4	2	9	8	5	6	7

46

8	3	7	5	2	4	1	9	6
2	5	1	3	9	6	4	7	8
9	4	6	8	1	7	2	5	3
3	1	5	2	6	9	7	8	4
4	8	2	7	5	3	6	1	9
7	6	9	1	4	8	5	3	2
5	9	4	6	8	1	3	2	7
6	2	3	9	7	5	8	4	1
1	7	8	4	3	2	9	6	5

47

2	6	5	7	9	3	8	1	4
8	1	9	2	5	4	6	7	3
4	7	3	8	1	6	2	9	5
3	9	7	6	4	1	5	8	2
1	8	6	9	2	5	3	4	7
5	2	4	3	8	7	9	6	1
9	5	1	4	6	2	7	3	8
7	4	8	5	3	9	1	2	6
6	3	2	1	7	8	4	5	9

48

3	4	2	6	7	9	5	1	8
7	8	9	2	1	5	6	4	3
1	6	5	4	3	8	2	7	9
5	7	4	1	9	6	8	3	2
8	9	3	7	5	2	1	6	4
6	2	1	8	4	3	7	9	5
9	5	6	3	2	7	4	8	1
2	1	8	9	6	4	3	5	7
4	3	7	5	8	1	9	2	6

49

6	2	1	**3**	5	**4**	7	9	8
4	**8**	5	**6**	7	**9**	3	**2**	**1**
7	3	**9**	8	1	2	**4**	6	5
1	5	**3**	9	2	8	**6**	7	**4**
2	**6**	8	**5**	4	**7**	9	**1**	3
9	4	**7**	1	6	3	**5**	8	**2**
3	1	**2**	7	9	5	**8**	4	6
5	**7**	6	**4**	8	**1**	2	**3**	**9**
8	9	4	**2**	3	**6**	1	5	7

50

2	**7**	1	**3**	**8**	**5**	9	**6**	4
5	6	**8**	9	2	4	**1**	7	3
3	**9**	4	7	6	1	8	**2**	**5**
6	8	2	**5**	3	**9**	4	1	**7**
7	1	**3**	**2**	4	**8**	**5**	9	6
4	5	9	**1**	7	**6**	3	8	**2**
9	**3**	6	8	5	2	7	**4**	**1**
8	2	**5**	4	1	7	**6**	3	9
1	**4**	7	**6**	**9**	**3**	2	**5**	8

51

1	6	9	4	3	7	8	2	5
2	4	5	1	9	8	6	7	3
7	8	3	5	2	6	4	1	9
8	2	7	6	1	3	5	9	4
6	3	1	9	5	4	7	8	2
5	9	4	8	7	2	3	6	1
4	1	2	7	8	5	9	3	6
3	5	8	2	6	9	1	4	7
9	7	6	3	4	1	2	5	8

52

2	9	8	5	4	7	6	1	3
3	1	7	2	6	8	9	4	5
5	4	6	9	1	3	2	7	8
4	5	3	7	8	6	1	2	9
9	6	2	3	5	1	7	8	4
7	8	1	4	9	2	3	5	6
6	3	4	1	7	5	8	9	2
1	2	9	8	3	4	5	6	7
8	7	5	6	2	9	4	3	1

Su Doku

1	3	7	5	8	4	2	9	6
4	2	6	9	1	3	7	8	5
5	8	9	6	2	7	1	3	4
6	7	4	8	5	2	3	1	9
9	5	2	4	3	1	8	6	7
8	1	3	7	6	9	4	5	2
7	9	5	1	4	8	6	2	3
2	4	8	3	9	6	5	7	1
3	6	1	2	7	5	9	4	8

5	4	1	2	8	6	7	9	3
7	6	9	4	3	5	1	8	2
3	8	2	1	7	9	5	4	6
4	9	8	5	2	3	6	7	1
2	7	6	8	9	1	3	5	4
1	5	3	6	4	7	9	2	8
8	1	5	7	6	2	4	3	9
6	3	4	9	5	8	2	1	7
9	2	7	3	1	4	8	6	5

55

1	8	7	9	3	6	4	2	5
5	6	2	8	7	4	9	3	1
3	4	9	2	1	5	8	6	7
4	3	5	1	9	7	6	8	2
6	2	1	3	5	8	7	4	9
7	9	8	4	6	2	5	1	3
9	5	3	6	4	1	2	7	8
8	1	4	7	2	9	3	5	6
2	7	6	5	8	3	1	9	4

56

5	4	7	3	6	8	1	9	2
6	8	2	4	9	1	3	7	5
9	3	1	5	7	2	8	4	6
1	7	9	2	5	6	4	3	8
8	5	6	9	3	4	2	1	7
4	2	3	1	8	7	6	5	9
3	1	8	7	2	5	9	6	4
2	9	5	6	4	3	7	8	1
7	6	4	8	1	9	5	2	3

3	1	8	**4**	**7**	9	**2**	6	5
2	4	**6**	1	3	5	**7**	9	8
7	**5**	9	2	**8**	6	1	**4**	3
4	8	**1**	6	9	**2**	3	5	**7**
6	2	**7**	5	4	3	**9**	8	**1**
9	3	5	**8**	1	**7**	**4**	2	6
5	**7**	4	**9**	6	1	8	**3**	**2**
8	6	**3**	7	2	4	**5**	1	9
1	9	**2**	3	**5**	**8**	6	7	4

6	**3**	**5**	1	4	**7**	9	2	**8**
7	8	2	**9**	5	3	1	6	**4**
1	4	**9**	**6**	8	2	**5**	3	**7**
9	1	7	**4**	3	**8**	**6**	**5**	2
5	6	4	2	9	1	7	8	3
8	**2**	**3**	**7**	6	**5**	4	9	**1**
2	7	**8**	5	1	**9**	**3**	4	6
3	5	6	8	7	**4**	2	1	9
4	9	1	**3**	2	6	**8**	**7**	**5**

59

2	7	3	6	4	5	9	1	8
6	5	8	1	7	9	4	2	3
4	9	1	8	3	2	6	7	5
7	2	9	3	6	4	5	8	1
5	3	6	2	8	1	7	4	9
1	8	4	9	5	7	3	6	2
8	6	5	4	2	3	1	9	7
9	4	7	5	1	8	2	3	6
3	1	2	7	9	6	8	5	4

60

1	4	7	3	9	5	2	6	8
2	6	9	8	7	1	5	4	3
3	5	8	6	4	2	9	7	1
8	1	3	4	6	9	7	5	2
4	7	5	2	1	8	6	3	9
9	2	6	5	3	7	1	8	4
7	3	2	1	5	4	8	9	6
6	9	1	7	8	3	4	2	5
5	8	4	9	2	6	3	1	7

Su Doku

61

4	8	7	2	6	5	3	9	1
1	5	6	4	3	9	8	2	7
2	3	9	7	8	1	6	4	5
8	6	2	1	4	3	5	7	9
5	7	4	9	2	6	1	3	8
3	9	1	5	7	8	2	6	4
9	4	5	3	1	2	7	8	6
6	1	3	8	9	7	4	5	2
7	2	8	6	5	4	9	1	3

62

2	9	8	5	3	1	6	4	7
7	1	6	4	8	2	5	9	3
3	4	5	6	7	9	8	1	2
6	3	4	2	1	5	7	8	9
8	2	1	9	6	7	3	5	4
9	5	7	3	4	8	1	2	6
1	6	3	8	2	4	9	7	5
5	7	2	1	9	6	4	3	8
4	8	9	7	5	3	2	6	1

63

5	7	1	9	4	6	8	3	2
6	9	4	2	3	8	1	7	5
3	8	2	1	7	5	9	6	4
1	2	9	4	5	7	6	8	3
7	4	6	8	2	3	5	1	9
8	3	5	6	1	9	2	4	7
2	5	7	3	8	1	4	9	6
4	6	8	7	9	2	3	5	1
9	1	3	5	6	4	7	2	8

64

7	6	5	4	2	9	3	1	8
1	2	4	7	8	3	6	5	9
3	8	9	1	6	5	7	4	2
8	9	3	5	1	7	4	2	6
2	1	7	9	4	6	8	3	5
5	4	6	8	3	2	1	9	7
4	7	1	2	9	8	5	6	3
6	5	2	3	7	4	9	8	1
9	3	8	6	5	1	2	7	4

7	6	8	1	2	3	5	4	9
9	3	1	7	4	5	6	2	8
5	2	4	9	6	8	1	3	7
3	9	7	6	8	1	2	5	4
4	1	5	3	7	2	9	8	6
6	8	2	4	5	9	7	1	3
8	5	6	2	3	7	4	9	1
2	4	9	8	1	6	3	7	5
1	7	3	5	9	4	8	6	2

6	5	7	1	9	2	4	3	8
2	4	8	3	5	7	6	1	9
1	9	3	4	6	8	5	2	7
3	2	1	6	4	9	8	7	5
9	8	6	2	7	5	1	4	3
4	7	5	8	3	1	2	9	6
7	1	2	5	8	3	9	6	4
8	6	9	7	1	4	3	5	2
5	3	4	9	2	6	7	8	1

67

6	2	5	3	9	4	7	1	8
9	7	1	6	8	2	4	5	3
8	4	3	1	5	7	9	2	6
2	5	7	9	4	8	6	3	1
4	8	6	7	3	1	2	9	5
1	3	9	2	6	5	8	7	4
3	1	8	4	7	9	5	6	2
7	6	4	5	2	3	1	8	9
5	9	2	8	1	6	3	4	7

68

7	6	3	9	4	5	2	8	1
4	8	1	6	2	3	9	5	7
9	2	5	1	7	8	3	4	6
2	3	4	8	6	7	1	9	5
5	9	8	4	3	1	7	6	2
1	7	6	5	9	2	8	3	4
8	1	2	3	5	4	6	7	9
3	5	9	7	1	6	4	2	8
6	4	7	2	8	9	5	1	3

69

2	5	1	6	4	3	7	9	8
8	6	4	1	7	9	3	5	2
7	3	9	2	8	5	6	4	1
6	8	5	7	3	2	4	1	9
9	4	7	8	1	6	2	3	5
3	1	2	5	9	4	8	6	7
4	2	8	9	6	1	5	7	3
5	9	3	4	2	7	1	8	6
1	7	6	3	5	8	9	2	4

70

3	9	8	6	1	7	2	5	4
2	6	4	5	9	8	1	7	3
1	7	5	2	4	3	8	9	6
8	3	6	9	7	5	4	2	1
5	4	2	1	8	6	9	3	7
7	1	9	4	3	2	6	8	5
6	5	1	3	2	9	7	4	8
9	8	3	7	6	4	5	1	2
4	2	7	8	5	1	3	6	9

71

8	6	1	3	2	4	9	5	7
4	2	3	9	5	7	8	6	1
5	9	7	1	6	8	3	4	2
7	3	8	4	1	5	6	2	9
9	5	2	8	3	6	1	7	4
6	1	4	7	9	2	5	3	8
1	8	6	2	7	3	4	9	5
2	4	5	6	8	9	7	1	3
3	7	9	5	4	1	2	8	6

72

4	2	7	6	9	3	5	1	8
8	6	9	2	5	1	3	4	7
5	3	1	4	7	8	6	9	2
7	4	3	1	6	5	2	8	9
6	9	2	7	8	4	1	5	3
1	5	8	3	2	9	4	7	6
3	8	5	9	1	2	7	6	4
2	1	6	8	4	7	9	3	5
9	7	4	5	3	6	8	2	1

73

9	8	1	4	6	2	7	5	3
2	6	3	9	5	7	8	4	1
4	7	5	1	3	8	2	6	9
3	9	8	7	2	5	6	1	4
5	1	7	8	4	6	9	3	2
6	4	2	3	9	1	5	7	8
7	5	4	2	1	9	3	8	6
1	2	6	5	8	3	4	9	7
8	3	9	6	7	4	1	2	5

74

1	6	8	7	9	2	4	3	5
2	5	4	3	8	6	7	9	1
9	3	7	4	1	5	6	8	2
6	1	2	8	3	9	5	7	4
4	9	5	6	2	7	3	1	8
7	8	3	1	5	4	9	2	6
3	7	6	2	4	1	8	5	9
8	2	9	5	6	3	1	4	7
5	4	1	9	7	8	2	6	3

7	4	1	3	2	8	5	6	9
3	8	5	9	4	6	7	2	1
9	6	2	1	5	7	3	4	8
5	9	4	7	6	2	1	8	3
6	3	7	8	1	5	2	9	4
1	2	8	4	9	3	6	7	5
2	5	3	6	8	9	4	1	7
4	7	9	2	3	1	8	5	6
8	1	6	5	7	4	9	3	2

9	1	6	8	7	4	5	2	3
8	3	4	2	9	5	7	6	1
2	5	7	1	3	6	8	9	4
5	6	1	4	8	2	3	7	9
3	2	9	7	6	1	4	8	5
4	7	8	3	5	9	6	1	2
6	9	2	5	4	8	1	3	7
1	4	3	6	2	7	9	5	8
7	8	5	9	1	3	2	4	6

77

5	8	2	3	7	6	1	4	9
9	6	1	2	8	4	5	7	3
3	4	7	9	5	1	2	6	8
1	5	3	7	4	9	8	2	6
8	9	6	1	3	2	7	5	4
2	7	4	8	6	5	9	3	1
7	1	5	4	9	3	6	8	2
4	2	8	6	1	7	3	9	5
6	3	9	5	2	8	4	1	7

78

7	5	4	2	9	8	6	3	1
8	3	9	4	6	1	2	7	5
2	1	6	7	5	3	8	9	4
1	2	7	9	3	6	5	4	8
4	8	5	1	7	2	3	6	9
6	9	3	8	4	5	7	1	2
9	6	2	5	1	7	4	8	3
5	7	1	3	8	4	9	2	6
3	4	8	6	2	9	1	5	7

79

7	3	5	1	6	4	8	9	2
8	9	4	5	7	2	6	1	3
6	1	2	3	8	9	7	4	5
4	7	8	9	5	3	1	2	6
1	2	6	8	4	7	5	3	9
9	5	3	2	1	6	4	8	7
2	4	1	7	3	5	9	6	8
3	8	7	6	9	1	2	5	4
5	6	9	4	2	8	3	7	1

80

2	7	1	6	8	9	4	5	3
9	4	3	1	2	5	6	8	7
8	5	6	4	3	7	1	9	2
1	2	9	7	6	4	5	3	8
5	8	4	2	9	3	7	6	1
3	6	7	5	1	8	2	4	9
4	9	2	8	5	1	3	7	6
6	3	5	9	7	2	8	1	4
7	1	8	3	4	6	9	2	5

Su Doku

81

4	7	**1**	3	**5**	9	2	8	6
5	2	**8**	4	6	1	**7**	3	9
9	**6**	3	**7**	2	8	5	**4**	1
7	3	**2**	8	**9**	6	4	1	**5**
8	5	6	**1**	4	**7**	9	2	**3**
1	4	9	5	**3**	2	**6**	7	8
6	**9**	7	2	8	**3**	1	**5**	**4**
3	1	**4**	9	7	5	**8**	6	2
2	8	5	**6**	**1**	4	**3**	9	7

82

5	2	**4**	**3**	9	**7**	**8**	6	1
1	**3**	8	4	**5**	6	7	**9**	2
7	6	9	**1**	2	**8**	4	3	**5**
4	**7**	1	9	6	5	2	**8**	3
8	9	**2**	7	1	3	**6**	5	**4**
3	**5**	6	8	4	2	9	**1**	7
6	1	7	**5**	8	**4**	3	2	**9**
9	**8**	3	2	**7**	1	5	**4**	6
2	4	**5**	**6**	3	**9**	**1**	7	8

83

1	2	3	9	7	4	6	5	8
8	7	4	1	6	5	9	2	3
9	5	6	8	2	3	1	4	7
3	8	1	2	4	6	7	9	5
2	6	5	7	9	8	4	3	1
7	4	9	3	5	1	8	6	2
6	1	2	4	3	7	5	8	9
4	9	7	5	8	2	3	1	6
5	3	8	6	1	9	2	7	4

84

4	7	5	3	2	6	9	8	1
6	9	8	1	7	5	3	4	2
2	1	3	9	4	8	7	5	6
1	3	7	2	8	9	4	6	5
5	2	4	7	6	1	8	9	3
8	6	9	4	5	3	1	2	7
3	5	6	8	1	4	2	7	9
7	8	1	6	9	2	5	3	4
9	4	2	5	3	7	6	1	8

7	9	4	6	8	1	5	3	2
1	3	8	5	9	2	6	4	7
6	2	5	4	7	3	1	9	8
5	4	1	8	3	6	2	7	9
3	6	9	7	2	5	8	1	4
8	7	2	9	1	4	3	6	5
2	5	7	1	6	9	4	8	3
4	8	6	3	5	7	9	2	1
9	1	3	2	4	8	7	5	6

3	5	8	4	6	1	7	9	2
1	7	4	9	3	2	8	6	5
9	6	2	5	7	8	3	4	1
4	1	5	8	2	7	6	3	9
8	3	9	6	1	5	4	2	7
6	2	7	3	9	4	5	1	8
7	9	6	2	5	3	1	8	4
2	8	1	7	4	6	9	5	3
5	4	3	1	8	9	2	7	6

87

4	9	8	2	7	1	5	3	6
2	7	3	5	9	6	4	1	8
6	5	1	3	4	8	2	7	9
7	4	5	9	3	2	8	6	1
1	8	9	4	6	7	3	2	5
3	2	6	1	8	5	7	9	4
5	3	2	6	1	4	9	8	7
9	6	7	8	5	3	1	4	2
8	1	4	7	2	9	6	5	3

88

2	3	5	6	9	4	1	7	8
9	1	6	8	2	7	3	4	5
7	4	8	5	3	1	6	9	2
4	5	1	9	6	8	2	3	7
6	2	3	1	7	5	9	8	4
8	9	7	2	4	3	5	6	1
3	8	2	7	1	9	4	5	6
5	6	9	4	8	2	7	1	3
1	7	4	3	5	6	8	2	9

89

8	1	2	9	**3**	6	**4**	**5**	7
6	9	3	4	7	**5**	8	2	1
7	5	4	**1**	**2**	8	6	3	9
9	**3**	7	8	4	**2**	**1**	6	5
5	2	**1**	6	9	3	**7**	4	**8**
4	6	**8**	7	5	**1**	**2**	**9**	3
2	8	6	**5**	**1**	9	3	7	**4**
3	4	9	**2**	8	7	5	1	**6**
1	**7**	**5**	3	**6**	4	9	8	2

90

1	2	7	**5**	6	8	**3**	4	**9**
8	3	9	2	**7**	**4**	**1**	5	6
4	**5**	6	**9**	1	3	2	8	7
2	**7**	1	3	4	6	**8**	9	**5**
5	**4**	8	1	2	9	7	**6**	3
6	9	**3**	8	5	7	4	**1**	2
3	1	4	7	9	**5**	6	**2**	8
7	6	**5**	**4**	**8**	2	9	3	1
9	8	**2**	6	3	**1**	5	7	**4**

91

5	4	7	6	8	3	2	9	1
3	6	2	5	1	9	4	7	8
9	1	8	7	4	2	3	6	5
8	9	1	2	6	7	5	4	3
2	7	5	3	9	4	8	1	6
6	3	4	1	5	8	7	2	9
4	5	9	8	7	6	1	3	2
7	8	3	9	2	1	6	5	4
1	2	6	4	3	5	9	8	7

92

4	6	1	3	9	5	8	7	2
3	2	5	6	8	7	9	4	1
9	7	8	1	2	4	3	6	5
8	9	2	5	4	6	7	1	3
6	1	3	9	7	8	2	5	4
5	4	7	2	3	1	6	9	8
2	5	4	8	6	9	1	3	7
7	3	6	4	1	2	5	8	9
1	8	9	7	5	3	4	2	6

Su Doku

93

4	8	2	5	7	6	3	1	9
3	9	5	2	4	1	7	6	8
1	7	6	3	9	8	2	5	4
5	4	3	9	6	2	1	8	7
9	1	8	4	5	7	6	2	3
6	2	7	1	8	3	4	9	5
7	5	9	6	2	4	8	3	1
8	6	1	7	3	5	9	4	2
2	3	4	8	1	9	5	7	6

94

5	6	8	3	7	1	2	4	9
2	4	9	6	8	5	3	1	7
1	7	3	9	2	4	8	5	6
8	1	4	2	6	3	7	9	5
9	2	5	8	1	7	4	6	3
6	3	7	4	5	9	1	2	8
4	5	2	7	9	8	6	3	1
3	8	1	5	4	6	9	7	2
7	9	6	1	3	2	5	8	4

3	1	6	4	7	5	9	2	8
8	9	2	1	6	3	4	5	7
4	7	5	9	8	2	1	6	3
7	8	4	5	9	1	6	3	2
6	2	3	8	4	7	5	1	9
9	5	1	3	2	6	8	7	4
2	3	9	6	1	8	7	4	5
1	4	7	2	5	9	3	8	6
5	6	8	7	3	4	2	9	1

9	2	7	6	5	4	3	8	1
6	5	3	1	8	7	4	9	2
1	8	4	9	3	2	6	7	5
8	4	1	5	7	9	2	3	6
7	3	5	2	6	1	9	4	8
2	6	9	8	4	3	5	1	7
3	1	2	7	9	5	8	6	4
4	7	6	3	2	8	1	5	9
5	9	8	4	1	6	7	2	3

97

2	8	6	9	4	3	5	1	7
7	1	9	6	2	5	4	8	3
5	3	4	8	7	1	6	2	9
4	7	8	3	6	9	2	5	1
1	9	2	4	5	8	3	7	6
6	5	3	7	1	2	9	4	8
3	4	7	5	8	6	1	9	2
8	6	1	2	9	4	7	3	5
9	2	5	1	3	7	8	6	4

98

2	4	6	7	3	1	8	9	5
3	5	9	2	8	4	6	1	7
7	8	1	9	6	5	3	2	4
9	6	3	5	4	7	1	8	2
1	2	5	8	9	3	4	7	6
8	7	4	1	2	6	5	3	9
4	1	2	6	7	8	9	5	3
6	9	8	3	5	2	7	4	1
5	3	7	4	1	9	2	6	8

6	4	**3**	2	1	**8**	9	7	5
5	**8**	**2**	9	**7**	4	3	6	1
9	**1**	7	**5**	3	**6**	8	**4**	2
3	6	1	**7**	8	5	2	9	**4**
2	**9**	5	4	6	1	**7**	**3**	8
4	7	8	3	9	**2**	1	5	**6**
8	**2**	9	**6**	4	**3**	5	**1**	7
1	3	4	8	**5**	7	**6**	**2**	**9**
7	5	6	**1**	2	9	**4**	8	3

9	2	**7**	1	3	5	4	**8**	6
6	**3**	1	**4**	2	**8**	7	5	9
8	**4**	**5**	9	7	6	1	3	**2**
3	5	**6**	**7**	4	**9**	2	1	8
4	**1**	9	8	5	2	3	**6**	7
2	7	8	**3**	6	**1**	5	9	4
5	8	3	2	9	4	**6**	**7**	1
1	6	4	**5**	8	7	9	**2**	**3**
7	**9**	2	6	1	3	**8**	4	**5**

Su Doku

7	**8**	4	1	6	**3**	2	**5**	9
3	1	**9**	4	5	2	6	7	**8**
2	**6**	5	**9**	**7**	8	**1**	4	3
1	**9**	**2**	6	4	**7**	3	8	5
5	**7**	8	3	**1**	9	4	**2**	6
6	4	3	**2**	8	5	**9**	**1**	7
4	3	**7**	8	**2**	**6**	5	**9**	**1**
9	5	1	7	3	4	**8**	6	2
8	**2**	6	**5**	9	1	7	**3**	4

3	9	8	5	2	**6**	4	1	**7**
7	2	**5**	9	1	**4**	6	3	8
6	4	**1**	3	**8**	7	**5**	**2**	9
4	**7**	3	1	**9**	8	**2**	6	5
2	8	**9**	6	4	**5**	**3**	7	1
5	1	**6**	7	**3**	2	8	**9**	**4**
1	**5**	**7**	8	**6**	**3**	**9**	4	2
9	3	2	**4**	5	1	**7**	8	6
8	6	4	**2**	7	9	1	5	**3**

103

3	9	5	7	4	1	8	2	6
8	4	7	9	2	6	3	5	1
6	1	2	8	5	3	4	9	7
4	3	1	5	9	8	6	7	2
2	5	8	6	3	7	1	4	9
7	6	9	2	1	4	5	8	3
9	8	4	3	6	2	7	1	5
5	7	3	1	8	9	2	6	4
1	2	6	4	7	5	9	3	8

104

1	6	8	4	9	2	7	3	5
5	7	4	3	6	1	2	8	9
2	9	3	7	5	8	4	1	6
4	1	6	8	2	7	9	5	3
7	3	5	6	1	9	8	4	2
9	8	2	5	3	4	6	7	1
8	2	9	1	7	5	3	6	4
3	5	7	9	4	6	1	2	8
6	4	1	2	8	3	5	9	7

7	5	8	4	1	2	3	6	9
6	9	1	7	8	3	2	4	5
2	4	3	9	6	5	8	7	1
5	3	9	6	7	4	1	2	8
1	2	7	5	9	8	4	3	6
8	6	4	2	3	1	5	9	7
4	7	2	8	5	9	6	1	3
3	8	6	1	4	7	9	5	2
9	1	5	3	2	6	7	8	4

1	5	8	6	4	2	3	9	7
3	2	4	5	7	9	8	6	1
7	9	6	8	3	1	2	5	4
4	6	3	7	8	5	9	1	2
5	1	7	9	2	4	6	3	8
2	8	9	3	1	6	7	4	5
8	7	5	4	6	3	1	2	9
6	4	2	1	9	8	5	7	3
9	3	1	2	5	7	4	8	6

6	2	9	8	7	3	4	1	5
7	5	4	1	9	2	8	3	6
8	3	1	5	6	4	9	7	2
9	8	3	7	1	6	5	2	4
2	4	7	9	3	5	1	6	8
1	6	5	4	2	8	7	9	3
4	7	2	6	5	9	3	8	1
3	1	8	2	4	7	6	5	9
5	9	6	3	8	1	2	4	7

2	9	7	5	4	3	6	8	1
1	8	3	6	7	2	5	9	4
5	4	6	1	8	9	3	7	2
9	3	5	2	1	7	8	4	6
7	1	2	4	6	8	9	5	3
8	6	4	3	9	5	1	2	7
6	5	1	9	2	4	7	3	8
3	2	8	7	5	1	4	6	9
4	7	9	8	3	6	2	1	5

109

3	2	**8**	1	4	7	6	5	9
5	1	**6**	**9**	3	**8**	7	**4**	2
9	**7**	4	5	**2**	**6**	1	3	8
1	**5**	2	**3**	6	**4**	**9**	**8**	7
6	4	**7**	8	9	2	**5**	1	3
8	**3**	**9**	**7**	5	**1**	4	**2**	6
7	6	1	**4**	**8**	3	2	**9**	**5**
4	**8**	5	**2**	7	**9**	3	6	1
2	9	3	6	1	5	**8**	7	4

110

6	**8**	4	**1**	5	**9**	7	3	**2**
9	7	**1**	**8**	3	**2**	4	**5**	**6**
3	5	2	7	**6**	4	1	8	9
7	1	5	9	4	6	**8**	2	**3**
8	**9**	3	5	2	1	6	**7**	4
4	2	**6**	3	7	8	5	9	1
1	6	8	2	**9**	7	3	4	5
2	**3**	7	**4**	1	**5**	**9**	6	8
5	4	9	**6**	8	**3**	2	**1**	**7**

111

8	5	6	1	7	3	2	4	9
3	1	7	9	2	4	6	5	8
2	9	4	8	6	5	1	7	3
4	3	9	7	8	6	5	1	2
5	8	1	4	9	2	3	6	7
6	7	2	5	3	1	9	8	4
7	6	5	2	4	9	8	3	1
1	2	8	3	5	7	4	9	6
9	4	3	6	1	8	7	2	5

112

6	7	2	1	5	4	9	8	3
5	9	8	3	6	7	1	2	4
4	3	1	8	2	9	7	5	6
7	5	3	9	8	2	4	6	1
1	2	4	7	3	6	5	9	8
8	6	9	4	1	5	2	3	7
2	1	5	6	4	8	3	7	9
9	4	6	2	7	3	8	1	5
3	8	7	5	9	1	6	4	2

113

9	3	8	1	4	6	5	2	7
6	1	5	9	7	2	4	8	3
2	4	7	3	5	8	9	1	6
3	5	9	4	1	7	8	6	2
8	7	4	2	6	9	1	3	5
1	6	2	5	8	3	7	9	4
4	8	6	7	3	1	2	5	9
7	2	3	8	9	5	6	4	1
5	9	1	6	2	4	3	7	8

114

4	2	5	8	1	7	3	9	6
6	9	3	4	2	5	1	7	8
1	8	7	6	3	9	4	5	2
3	4	9	1	6	2	5	8	7
8	1	6	7	5	4	2	3	9
7	5	2	3	9	8	6	4	1
9	6	8	2	4	3	7	1	5
2	7	4	5	8	1	9	6	3
5	3	1	9	7	6	8	2	4

115

3	5	4	2	8	6	7	1	9
1	9	6	4	3	7	2	8	5
8	7	2	9	5	1	6	4	3
7	4	1	6	2	9	5	3	8
2	3	9	8	7	5	1	6	4
6	8	5	1	4	3	9	2	7
9	6	8	5	1	4	3	7	2
5	2	7	3	6	8	4	9	1
4	1	3	7	9	2	8	5	6

116

5	2	3	8	6	1	9	4	7
8	9	7	3	2	4	5	6	1
1	6	4	7	5	9	2	8	3
6	1	2	5	3	8	4	7	9
7	3	9	2	4	6	8	1	5
4	8	5	1	9	7	6	3	2
9	5	8	6	1	3	7	2	4
3	4	6	9	7	2	1	5	8
2	7	1	4	8	5	3	9	6

9	7	3	8	2	6	1	4	5
1	2	4	5	9	3	8	6	7
6	5	8	4	7	1	9	3	2
3	6	7	2	4	9	5	1	8
5	9	1	6	3	8	2	7	4
8	4	2	1	5	7	6	9	3
7	3	6	9	8	2	4	5	1
2	1	5	7	6	4	3	8	9
4	8	9	3	1	5	7	2	6

6	1	7	9	3	5	4	8	2
8	3	2	4	6	1	9	7	5
9	5	4	8	7	2	1	6	3
1	6	5	3	9	7	2	4	8
7	8	3	6	2	4	5	1	9
2	4	9	5	1	8	6	3	7
3	2	8	1	5	6	7	9	4
4	7	6	2	8	9	3	5	1
5	9	1	7	4	3	8	2	6

119

2	**4**	**8**	7	3	9	**5**	**6**	1
9	1	5	4	**8**	6	3	7	2
6	**3**	7	**2**	5	**1**	9	**4**	8
3	9	4	**5**	6	**8**	1	2	**7**
7	8	**1**	3	4	2	**6**	5	9
5	2	6	**9**	1	**7**	8	3	**4**
1	**6**	3	**8**	2	**4**	7	**9**	5
4	5	9	1	**7**	3	2	8	6
8	**7**	**2**	6	9	5	**4**	**1**	3

120

4	**3**	7	5	8	9	6	2	1
9	8	2	**3**	**6**	1	5	**7**	4
1	5	**6**	7	**2**	4	9	3	**8**
6	4	**5**	**2**	1	3	7	8	**9**
8	1	9	4	7	5	3	6	**2**
7	2	3	6	9	**8**	**4**	1	5
2	6	1	9	**4**	**7**	**8**	5	3
3	**9**	8	1	**5**	**6**	2	4	7
5	7	4	8	3	2	1	**9**	**6**

Su Doku

121

2	7	8	6	1	3	5	9	4
9	6	3	8	5	4	7	1	2
1	4	5	2	9	7	3	6	8
8	9	2	5	4	1	6	3	7
7	3	4	9	6	8	1	2	5
5	1	6	3	7	2	8	4	9
4	5	1	7	3	9	2	8	6
6	2	9	1	8	5	4	7	3
3	8	7	4	2	6	9	5	1

122

9	1	4	3	8	2	6	7	5
2	5	6	1	9	7	8	3	4
7	8	3	6	5	4	2	9	1
4	2	5	8	3	1	7	6	9
3	6	1	9	7	5	4	2	8
8	9	7	2	4	6	5	1	3
1	7	8	4	6	9	3	5	2
5	3	9	7	2	8	1	4	6
6	4	2	5	1	3	9	8	7

7	6	2	9	1	4	5	8	3
5	9	4	8	2	3	1	6	7
1	3	8	6	7	5	2	9	4
6	1	9	4	3	7	8	5	2
3	4	5	2	9	8	7	1	6
8	2	7	1	5	6	4	3	9
4	7	6	3	8	1	9	2	5
9	5	1	7	6	2	3	4	8
2	8	3	5	4	9	6	7	1

2	1	3	8	7	4	9	5	6
6	5	4	9	2	1	7	3	8
7	8	9	3	5	6	1	2	4
8	7	2	1	9	3	4	6	5
4	9	5	6	8	2	3	1	7
3	6	1	7	4	5	2	8	9
5	3	6	4	1	7	8	9	2
1	4	8	2	6	9	5	7	3
9	2	7	5	3	8	6	4	1

Su Doku

125

8	7	9	1	3	6	5	4	2
1	5	2	7	8	4	6	9	3
3	6	4	9	2	5	7	8	1
9	3	7	2	1	8	4	5	6
6	8	1	4	5	9	2	3	7
2	4	5	3	6	7	8	1	9
7	1	8	5	9	2	3	6	4
4	9	6	8	7	3	1	2	5
5	2	3	6	4	1	9	7	8

126

6	3	7	4	8	9	1	2	5
5	8	2	6	1	7	3	9	4
9	1	4	5	3	2	6	7	8
4	5	9	8	7	6	2	3	1
7	6	3	2	4	1	8	5	9
1	2	8	3	9	5	4	6	7
3	4	5	9	2	8	7	1	6
2	7	6	1	5	4	9	8	3
8	9	1	7	6	3	5	4	2

127

2	6	**4**	**3**	9	**7**	**5**	8	1
9	5	8	6	4	1	**2**	3	7
1	**7**	3	**5**	8	**2**	9	6	**4**
8	**4**	1	2	7	**6**	**3**	5	**9**
3	2	7	9	**1**	5	8	4	6
6	9	**5**	**4**	3	8	7	**1**	2
5	8	2	**1**	6	**9**	4	**7**	3
7	3	**6**	8	2	4	1	9	5
4	1	**9**	**7**	5	**3**	**6**	2	8

128

7	**2**	**5**	4	6	3	**9**	8	**1**
6	8	1	9	5	2	3	7	4
4	3	9	7	**1**	8	**6**	2	**5**
8	**9**	**4**	3	7	5	1	6	2
2	**1**	3	**8**	9	**6**	4	**5**	**7**
5	6	7	**2**	4	1	**8**	**3**	9
9	4	**8**	5	**3**	7	2	1	**6**
1	5	2	6	8	4	7	9	3
3	7	**6**	1	2	9	**5**	**4**	8

Su Doku

1	3	8	9	4	5	6	7	2
4	5	7	2	1	6	3	9	8
9	2	6	8	7	3	4	1	5
5	1	3	7	9	8	2	6	4
8	9	4	6	5	2	7	3	1
6	7	2	1	3	4	5	8	9
7	6	5	4	8	1	9	2	3
3	8	9	5	2	7	1	4	6
2	4	1	3	6	9	8	5	7

5	6	4	7	2	8	3	1	9
3	9	7	1	5	4	2	6	8
1	2	8	3	9	6	4	7	5
9	7	5	6	3	1	8	2	4
6	8	2	5	4	9	7	3	1
4	3	1	8	7	2	9	5	6
7	4	9	2	1	5	6	8	3
8	1	3	9	6	7	5	4	2
2	5	6	4	8	3	1	9	7

131

6	3	8	2	7	9	5	1	4
4	1	7	3	5	6	9	2	8
9	5	2	1	8	4	6	7	3
8	7	1	9	4	3	2	6	5
3	4	9	6	2	5	1	8	7
5	2	6	7	1	8	4	3	9
7	8	4	5	6	1	3	9	2
2	6	3	4	9	7	8	5	1
1	9	5	8	3	2	7	4	6

132

6	1	4	7	2	8	9	5	3
2	8	5	9	1	3	7	4	6
7	9	3	4	6	5	2	1	8
4	7	8	3	9	2	5	6	1
3	5	9	1	7	6	4	8	2
1	2	6	8	5	4	3	9	7
8	3	7	5	4	1	6	2	9
5	6	1	2	3	9	8	7	4
9	4	2	6	8	7	1	3	5

133

8	9	**7**	2	5	6	4	1	**3**
6	5	1	**4**	**9**	3	2	7	8
3	4	**2**	**8**	**1**	7	5	6	9
4	**8**	**3**	**1**	6	9	7	5	2
7	**1**	6	5	8	2	3	**9**	4
9	2	5	3	7	**4**	6	**8**	1
5	3	8	7	**2**	**1**	9	4	**6**
1	6	4	9	**3**	**5**	8	2	**7**
2	7	9	6	4	8	**1**	3	5

134

3	**7**	**2**	4	6	8	5	9	1
6	1	9	2	5	7	**8**	**4**	**3**
4	**8**	5	**3**	**1**	9	7	6	2
9	3	**6**	1	**2**	5	4	7	8
2	5	**1**	7	8	**4**	**9**	3	**6**
7	4	8	9	**3**	6	**1**	2	5
1	2	7	5	**4**	**3**	6	**8**	9
5	**6**	**4**	8	9	2	3	1	7
8	9	3	6	7	1	**2**	**5**	4

135

1	4	2	7	9	3	6	8	5
7	3	6	5	8	4	9	2	1
8	9	5	1	2	6	3	7	4
6	8	1	3	5	7	2	4	9
4	7	3	2	1	9	8	5	6
2	5	9	4	6	8	1	3	7
3	6	8	9	4	5	7	1	2
5	1	7	6	3	2	4	9	8
9	2	4	8	7	1	5	6	3

136

5	7	3	8	2	4	6	9	1
1	9	2	5	3	6	8	4	7
8	6	4	7	1	9	5	2	3
6	1	8	2	9	3	7	5	4
9	2	7	6	4	5	1	3	8
3	4	5	1	7	8	2	6	9
7	5	9	4	6	1	3	8	2
4	8	1	3	5	2	9	7	6
2	3	6	9	8	7	4	1	5

137

1	4	7	8	5	2	3	6	9
3	8	9	1	4	6	2	7	5
2	6	5	9	3	7	1	4	8
4	2	3	6	8	1	9	5	7
5	9	8	3	7	4	6	1	2
6	7	1	2	9	5	8	3	4
7	1	6	4	2	9	5	8	3
9	3	4	5	1	8	7	2	6
8	5	2	7	6	3	4	9	1

138

8	9	2	3	4	7	6	1	5
1	4	7	5	6	9	2	8	3
6	5	3	2	8	1	4	7	9
5	8	6	9	3	2	7	4	1
3	7	4	1	5	6	9	2	8
9	2	1	4	7	8	3	5	6
2	3	8	6	1	4	5	9	7
4	1	5	7	9	3	8	6	2
7	6	9	8	2	5	1	3	4

139

7	4	9	2	3	1	5	8	6
2	8	5	9	7	6	3	4	1
6	1	3	4	8	5	9	2	7
4	6	1	5	9	8	7	3	2
5	7	8	1	2	3	6	9	4
9	3	2	7	6	4	1	5	8
3	5	6	8	4	7	2	1	9
8	2	7	3	1	9	4	6	5
1	9	4	6	5	2	8	7	3

140

3	9	6	2	1	7	8	5	4
5	1	7	3	4	8	2	6	9
8	4	2	5	6	9	7	1	3
4	2	9	6	5	3	1	8	7
1	5	3	7	8	4	9	2	6
6	7	8	1	9	2	4	3	5
7	3	1	4	2	5	6	9	8
9	6	4	8	3	1	5	7	2
2	8	5	9	7	6	3	4	1

141

7	3	1	9	8	5	6	4	2
4	6	8	3	7	2	1	9	5
9	2	5	1	4	6	3	8	7
1	5	2	4	6	9	7	3	8
8	9	3	2	5	7	4	6	1
6	7	4	8	1	3	5	2	9
2	4	7	5	3	8	9	1	6
5	1	9	6	2	4	8	7	3
3	8	6	7	9	1	2	5	4

142

9	8	5	3	2	1	4	7	6
2	1	6	4	9	7	3	8	5
4	3	7	6	8	5	9	2	1
3	9	8	5	6	2	1	4	7
7	4	2	8	1	9	6	5	3
5	6	1	7	3	4	8	9	2
6	5	4	9	7	3	2	1	8
8	2	9	1	5	6	7	3	4
1	7	3	2	4	8	5	6	9

4	2	5	9	7	8	6	1	3
6	1	7	2	3	4	5	8	9
9	3	8	1	6	5	2	7	4
8	6	3	5	9	1	7	4	2
7	5	4	3	2	6	1	9	8
1	9	2	4	8	7	3	5	6
5	4	6	8	1	2	9	3	7
3	7	1	6	4	9	8	2	5
2	8	9	7	5	3	4	6	1

7	5	3	8	2	9	1	4	6
1	2	4	6	5	3	7	8	9
8	6	9	7	4	1	5	3	2
2	4	1	9	8	6	3	5	7
3	9	5	1	7	4	6	2	8
6	8	7	2	3	5	9	1	4
9	1	8	5	6	2	4	7	3
4	7	6	3	1	8	2	9	5
5	3	2	4	9	7	8	6	1

145

8	9	7	5	6	1	3	2	4
5	4	1	9	2	3	6	8	7
6	3	2	7	4	8	5	9	1
4	7	9	3	1	2	8	6	5
3	2	5	8	7	6	4	1	9
1	8	6	4	5	9	7	3	2
9	1	4	6	3	5	2	7	8
2	5	3	1	8	7	9	4	6
7	6	8	2	9	4	1	5	3

146

4	8	6	7	1	3	2	5	9
3	9	5	4	8	2	7	1	6
2	7	1	6	9	5	8	3	4
5	4	8	1	3	7	6	9	2
1	2	7	8	6	9	3	4	5
6	3	9	2	5	4	1	7	8
7	5	3	9	2	8	4	6	1
8	1	4	5	7	6	9	2	3
9	6	2	3	4	1	5	8	7

147

3	7	4	9	5	6	8	1	2
1	9	8	4	7	2	5	6	3
6	5	2	8	1	3	7	4	9
2	6	9	3	8	7	4	5	1
5	4	3	6	2	1	9	7	8
8	1	7	5	4	9	3	2	6
9	3	1	7	6	5	2	8	4
7	8	6	2	3	4	1	9	5
4	2	5	1	9	8	6	3	7

148

5	1	7	8	9	3	6	4	2
2	9	8	7	4	6	1	5	3
4	3	6	1	5	2	9	7	8
1	7	3	5	6	9	2	8	4
8	6	2	3	1	4	5	9	7
9	5	4	2	7	8	3	1	6
3	4	1	6	8	5	7	2	9
7	2	9	4	3	1	8	6	5
6	8	5	9	2	7	4	3	1

5	4	6	9	1	3	7	2	8
1	2	3	7	6	8	4	9	5
7	9	8	2	5	4	3	6	1
3	6	1	4	2	5	8	7	9
9	5	2	8	3	7	1	4	6
8	7	4	6	9	1	2	5	3
6	8	7	1	4	9	5	3	2
2	1	5	3	7	6	9	8	4
4	3	9	5	8	2	6	1	7

7	2	3	5	8	4	9	1	6
4	5	6	9	1	3	2	7	8
9	1	8	2	6	7	3	4	5
1	8	9	3	5	6	4	2	7
6	4	5	7	9	2	1	8	3
3	7	2	1	4	8	5	6	9
2	6	7	4	3	9	8	5	1
5	9	4	8	7	1	6	3	2
8	3	1	6	2	5	7	9	4